LA BASTILLE

HISTOIRE — DESCRIPTION — ATTAQUE ET PRISE

AUGUSTE CŒURET

Attaché à la Préfecture de la Seine, Officier d'Académie

LA BASTILLE

1370 — 1789

HISTOIRE — DESCRIPTION — ATTAQUE ET PRISE

OUVRAGE

ORNÉ DE 37 PORTRAITS ET VIGNETTES

PARIS

J. ROTHSCHILD, EDITEUR

13, RUE DES SAINTS-PÈRES, 13

1890

LA BASTILLE

(1370-1789)

HISTOIRE — DESCRIPTION — ATTAQUE ET PRISE

LA BASTILLE A TRAVERS LES SIÈCLES

(1370-1789)

MEURTRE D'ÉTIENNE MARCEL à la Bastille Sainct-Anthoine

LA Bastille fut, à l'origine, une des portes fortifiées de l'enceinte de Paris, dite de Charles V.

Ce nom de *Bastille* s'appliquait alors à toute porte de ville flanquée de tours : la bastille Saint-Denis et la bastille Saint-Antoine étaient les deux plus importantes de l'enceinte que le prévôt des marchands, Etienne Marcel, avait entrepris de renforcer en 1357[1]. A sa mort (1er juillet 1358), le prévôt de Paris, Hugues Aubriot, fut chargé de compléter ces travaux de défense. Aubriot, pour protéger le quartier Saint-Antoine et surtout l'hôtel royal de Saint-Paul contre les attaques possibles du côté de Vincennes, décida de remplacer la porte ou bastille Saint-Antoine par une forteresse dont il posa la première pierre, le 22 avril 1370[2].

Sous le règne du roi Jean, on éleva, à droite et à gauche de l'arcade de la porte *Sainct Anthoine* deux grosses tours rondes de 73 pieds de haut (24 mètres), séparées de la route de Vincennes par un fossé très profond, de 78 pieds de large (28 mètres).

Plus tard, Aubriot fit édifier deux autres tours semblables, à 72 pieds en arrière des premières et, comme elles, protégées par un fossé large et profond du côté du quartier Saint-Antoine. Ces deux tours *qui commandaient bien plus le quartier*

[1] Etienne Marcel, chef du tiers état et défenseur des droits du peuple aux États généraux de 1356, pendant la captivité du roi Jean, fut le premier qui tenta la révolution démocratique et réclama énergiquement la garantie des libertés féodales et des franchises communales accordées par Philippe le Bel.

[2] Quelques historiens, entre autres Piganiol de la Force, donnent à tort : 22 avril 1371.

Saint-Antoine que les glacis extérieurs ne semblent pas avoir été construites pour la défense spéciale de la ville. Cette fortification formait donc un ensemble de deux fortes bastilles parallèles dont la sûreté parut cependant être compromise par les portes de ville qui les traversaient.

C'est alors que l'on boucha ces deux portes, dont les baies restèrent apparentes sur les massifs reliant les tours et que la porte Saint-Antoine fut construite assez loin sur la gauche de cet ensemble, en venant de Paris.

Au-dessus de la voûte qui faisait face à la route de Vincennes, on voyait encore en 1789 les statues de Charles VI et d'Isabeau de Bavière, de deux de leurs fils et de saint Antoine.

Après l'achèvement de la porte Saint-Antoine, le nombre des tours fut porté de quatre à six (1383). Les deux dernières furent édifiées dans l'espace compris entre la nouvelle porte et les deux tours nord du premier ensemble; dans leur courtine[1], sur la rue Saint-Antoine, on ouvrit l'entrée de la Bastille.

Enfin, l'ensemble de la forteresse fut complété

[1] Mur de fortification reliant deux tours ou deux bastions.

par la construction des septième et huitième tours, sur le côté sud, c'est-à-dire du côté de l'arsenal. Ce fut entre ces deux dernières que l'on reporta définitivement l'entrée de la forteresse (1553).

Son fondateur en fut le premier prisonnier.

Enfermé d'abord à la Bastille, Hugues Aubriot fut ensuite transféré dans les cachots du For-l'Evêque, d'où les maillotins le tirèrent pour le mettre à leur tête.

En effet, cette forteresse qui avait été édifiée pour protéger la ville fut presque immédiatement transformée en prison d'Etat (1417).

Fig. 3.
Plan de Paris sous Philippe-Auguste.

Thomas de Beaumont allia le premier ses fon tions de gouve neur militaire d la Bastille à cell de geôlier.

Elle eut cope dant un rôle mil taire très impo tant; d'abord s machines de gue re et plus tard so artillerie arrêtè rent souvent l marche de l'e vahisseur. On l considéra mêm sous Louis X comme la clef d la capitale.

Comme Pari elle passa au po voir de plusieu partis, voire m me aux mains des Anglais qui, en 1420, confièrent la garde et le commandement au d d'Exeter.

la construction des septième et huitième tours, le côté sud, st-à-dire du é de l'arsenal. fut entre ces ux dernières l'on reporta éfinitivement ntrée de la foresse (1553).

Son fondateur fut le premier sonnier.

Enfermé d'a-d à la Bastille, gues Aubriot ensuite transé dans les ca-ts du For-vêque, d'où les illotins le tient pour le tre à leur tête.

En effet, cette forteresse qui avait été édifiée r protéger la ville fut presque immédiatement nsformée en prison d'Etat (1417).

Fig. 3.
Plan de Paris sous Philippe-Auguste.

Thomas de Beaumont allia le premier ses fonctions de gouverneur militaire de la Bastille à celles de geôlier.

Elle eut cependant un rôle militaire très important; d'abord ses machines de guerre et plus tard son artillerie arrêtèrent souvent la marche de l'envahisseur. On la considéra même, sous Louis XI, comme la clef de la capitale.

Comme Paris, elle passa au pouvoir de plusieurs partis, voire même aux mains des Anglais qui, en 1420, en confièrent la garde et le commandement au duc d'Exeter.

Plus tard, quand le faubourg Saint-Antoine fut construit et que la Bastille se trouva entourée de maisons, elle perdit tout à fait son importance militaire et cette prison fortifiée et armée sembla n'avoir plus que la ville pour objectif. Dès lors, le peuple

Fig. 4. — La Bastille et la porte Saint-Antoine vues du faubourg avant 1789.

la prit en haine; elle devint pour lui *comme une menace permanente de ses libertés municipales.* Aussi, après la fameuse journée des barricades du 26 août 1648, en fait-il donner le commandement au conseiller Broussel qui, nommé prévôt des marchands, en investit son fils Louvière.

C'est surtout pendant le XVIIe et le XVIIIe siècles que la Bastille fut totalement convertie en prison. On y enfermait, outre les nobles et criminels de lèse-majesté, les bourgeois, les marchands, les roturiers, les assassins et voleurs, les magiciens, les jansénistes, les libraires, les colporteurs, les gens de lettres, etc. On avait à cette époque un moyen bien simple de supprimer, pour quelque temps seulement ou pour toujours, ceux dont on voulait se débarrasser : *les lettres de cachet*. C'étaient, sous l'ancienne législation, des lettres écrites par ordre du roi, contresignées par un secrétaire d'État, cachetées du sceau royal et au moyen desquelles on exilait ou on emprisonnait *sans jugement*. Sous le règne de Louis XIV on en *distribua*, plus de 80,000.

Parmi les prisonniers les plus célèbres de la Bastille, il faut citer : Antoine de Chabanne, le duc de Nemours, le maréchal de Biron, Fouquet, Pélisson, Rohan, Lally-Tollendal, le maréchal duc de Richelieu, l'abbé de Bucquoy, Latude et le fameux prisonnier au Masque de fer.

Constantin de Renneville[1] qui resta fort longtemps à la Bastille nous apprend dans ses mémoires, qu'à force de changer les prisonniers de cachots, ce qui était un système, leur individualité

[1] On sait que sa longue et dure captivité a poussé ce prisonnier à certaines exagérations dans ses mémoires, aussi ne citons-nous de lui qu'un passage.

Reg. 122 A Paris le 3. Juin 17.60 127

Le S.r Buhot off.r de Police porteur des ordres du Roy que je luy ai confiés, Monsieur, doit conduire aujourd'huy et vous remettre a la Bastille un Prisonnier pour lequel on veut avoir des attentions et des égards.

Le Ministre qui a expedié les ordres me fait l'honneur de me marquer que l'Intention du Roy est qu'il soit logé dans la chambre la plus propre et la plus commode du château, et servi avec grand soin et distinction des autres prisonniers. Je vous en previens a l'avance afin que lors qu'il arrivera vous débutiés par là. Si pour la meilleure chambre il faut déplacer quelqu'un vous le ferés.

Je suis avec Respect Monsieur, Votre tres humble et tres obeissant serviteur. De Sartine

M. D'abadie Gouverneur de la Bastille.

Ag — 72 B

78

Mons. Dabadie — Je vous fais cette Lettre pour vous dire de recevoir dans mon Château de la Bastille le S. Marmontel — et de l'y retenir jusqu'à nouvel Ordre de ma part. Sur ce je prie Dieu qu'il vous ait, Mons. Dabadie — en sa Sainte garde. Ecrit à Versailles le 27. Decembre 1759.

Louis

Phelypeaux

Reg. 76

82

Mons de L'Abbadie Je vous fais cette Lettre
pour vous dire de laisser sortir de mon Château de la
Bastille le Sr Marmontel que vous y retenés
par mon ordre; Sur ce je prie Dieu qu'il vous
ait Mons de L'Abbadie en sa Ste garde. Ecrit à
Versailles le 5. Janvier 1760.

Louis

Marmontel

Phelypeaux

se perdait facilement; *ils n'étaient bientôt plus qu'un numéro logé dans tel cachot ou à tel étage de telle tour*. Parfois aussi, on se contentait simplement de les écrouer sous un nom d'emprunt. C'est ainsi, par exemple, que l'on disait : « *la troisième Bazinière* » pour le prisonnier du troisième étage de la tour de la Bazinière.

A ce sujet, Renneville raconte « qu'il entrevit « en 1705, dans une des salles de la Bastille, un « homme dont il ne put jamais savoir le nom. Il « apprit seulement par le porte-clefs chef Rû que « ce prisonnier anonyme était un ancien élève des « Jésuites, *enfermé depuis l'âge de seize ans, pour* « *avoir composé deux vers satiriques contre ses* « *maîtres !* — D'abord embastillé, il fut bientôt « envoyé aux îles Sainte-Marguerite, sous la garde « du bourreau de Louvois, le sieur de Saint-Mars « qui, nommé gouverneur de la Bastille, l'y ramena « ainsi que l'homme au Masque de fer ». Ce malheureux jeune homme, coupable d'une gaminerie, n'était autre que François Seldon, descendant d'une riche famille irlandaise qui l'avait envoyé à Paris, chez les Jésuites, étudier et apprendre tout ce qui fait un parfait gentilhomme. Pendant les *trente années* qu'il resta dans les fers, sa famille, qui n'avait jamais pu obtenir de ses nouvelles, s'éteignit complètement *et ce furent ses geôliers qui furent ses libérateurs.*

Fig. 8. — Le jeune Seldon dans sa prison, d'après le dessin d'une des chambres de la Bastille (Tour de la Comté) conservé au Musée Carnavalet.

En effet, pour ne pas laisser en déshérence l'immense fortune de Seldon, le père Riquelet lui promit la liberté s'il signait l'engagement de laisser la gestion et l'administration de ses biens à la compagnie de Jésus. Seldon signa, mais en ajoutant à l'acte rédigé par l'*habile révérend père :* « QUAND JE SERAI SORTI DE LA BASTILLE », phrase omise, *peut-être* à dessein, car seule elle pouvait obliger la compagnie à tenir ses engagements. *L'élève des Jésuites avait battu ses maîtres.*

Aussi facilement qu'ils avaient obtenu la lettre de cachet, *les bons pères* obtinrent du roi l'ordre de mise en liberté. Seldon, n'ayant plus de fortune lui appartenant, ne put se marier; mais, en revanche, il fit attendre longtemps le capital de son bien à ses délicats libérateurs.

Les étrangers n'étaient pas, on le voit, à l'abri de la Bastille. Très souvent même les rois de France rendirent aux souverains voisins *le service* d'embastiller leurs sujets qui avaient espéré trouver aide et protection sur le sol français. C'est ainsi que Claude-Louis Caffe fut enfermé à la Bastille et remis ensuite aux autorités sardes pour être interné au fort de Miollans, prison d'Etat du duc de Savoie.

Citons encore les noms de Mahé de la Bourdonnais, du maréchal Bassompierre, de Voltaire qui y vint deux fois en 1717 et en 1726, de l'avocat Linguet qui fit une si curieuse description de ce lugubre édifice; enfin du prévôt de Beaumont qui, soit à Vincennes, à Charenton ou à la Bastille, resta vingt-deux ans au secret et dont la famille ignora le sort pendant dix années.

Il faudrait bien des pages pour citer seulement le nom de tous ceux qui furent enfermés et moururent dans cette geôle. Que serait-ce, s'il était possible d'y ajouter celui de tous ceux qu'on y fit disparaître sans qu'il restât la moindre trace de leur passage.

Il était, en effet, peu facile d'en sortir, moins encore de s'en évader. — Les plus célèbres évasions furent celles d'Antoine de Chabanne, comte de Dammartin, sous Louis XI, pendant la Ligue du bien public (1465); celle de l'abbé de Bucquoy (1709), qui s'était également évadé du For-l'Evêque et qui écrivit en Hanovre l'histoire de ses évasions (1719); enfin celles de Latude et de son camarade d'Alègre, dans la nuit du 25 février 1756.

Il existe au Musée Carnavalet une estampe de la fin de 1791 ou du commencement de 1792, éditée à Paris, chez Bance, rue Saint-Severin, n° 25, représentant Latude et d'Alègre dans leur prison et au-dessous on lit cette légende :

SECONDE ÉVASION DE LA BASTILLE DE M. DELATUDE, INGÉNIEUR

Effectuée la nuit du 25 au 26 février 1756.

« M. Delatude[1], détenu à la Bastille dans une « même chambre avec M. d'Alègre, étoit résolu de

[1] Dans ce texte, qui se trouve au bas de l'estampe conservée au Musée Carnavalet, l'orthographe des noms et des mots a été respectée.

« tout tenter pour pouvoir s'en évader. Dix piés « d'épaisseur des murs de cette prison, des grilles « de fer aux fenêtres et à la cheminée, une multi- « tude de gardes, des fossés souvent pleins d'eau, « entourés de murs fort élevés ; ces terribles obs- « tacles ne furent point capables de le détourner « de cet étonnant dessein. Mais à peine son génie « actif et pénétrant, aidé des connaissances pro- « fondes qu'il avoit dans les mathématiques lui eut- « il fait découvrir qu'il y avoit entre son plancher « et celui de la chambre d'au-dessous de lui un « intervalle ou tambour de 4 piés et demi de hau- « teur, lieu qu'il jugea propre à resserrer tout ce « qu'il falloit furtivement créer et établir pour rendre « sa fuite possible et celle de son compagnon, qu'il « ne doute plus du succès. Ce fut alors que tout « hors de lui il montra à M. d'Alègre sa male qui « contenoit en chemises et autres effets en toile, « de quoi leur produire 1.400 piés de cordes indis- « pensables pour former les échelles sans lesquelles « leur fuite ne pouvoit avoir lieu : et c'est là le « moment où l'artiste a placé le sujet de son es- « tampe. D'après cela, l'industrie la plus surpre- « nante, ainsi que la plus constamment et la plus « habilement dirigée, met M. Delatude en état, en

« dix-huit mois de tems, de se voir possesseur des « échelle de corde et de bois dont il ne pouvoit se « passer : il a de même, avec une peine et des souf-

Fig. 9. — Seconde évasion du chevalier de Latude et de son ami d'Alègre, dans la nuit du 25 au 26 février 1756.

« frances qu'on se représenteroit difficilement, « enlevé les quatre grilles de fer du haut de la che- « minée, desquelles il s'en réserve deux pour per- « cer les murs des fossés de sortie, etc., etc., etc.

« Nos deux prisonniers arrivés enfin au moment

« périlleux de leur départ, avec le secours de

Fig. 10. — Portrait du chevalier de Latude, par Vestier.

« leurs échelles de corde et de bois, favorisé par
« une corde de réserve particulière, réussissent

« bientôt à transporter par la cheminée de leur « chambre sur la tour appelée *du Trésor* leurs « propres effets et les choses destinées à leur éva- « sion. Enfin, après les dangers les plus alarmans, « M. Delatude, éloigné tout au plus de 6 toises « d'une sentinelle, est déjà descendu sain et sauf « dans le fossé. M. d'Alègre et leurs bagages ne « tardent point à y être aussi. Tous deux se pressent « d'aller droit à la muraille qui sépare le fossé de « la Bastille de la porte Saint-Antoine. Ils n'hésitent « pas à entrer, dans l'eau glacée, jusqu'aux ais- « selles : ils ne se dérobent à la vue des rondes « major qui, avec de grands fallots passent à 10 « ou 12 piés au-dessus de leurs têtes, qu'en s'ac- « croupissant dans l'eau jusqu'au menton. Mais « l'heureux résultat de leurs travaux fut qu'en « moins de 8 heures et demie ils eurent percé la « muraille qui, au rapport du major, était de 4 piés « et demi d'épaisseur. Parvenus à leur grande sa- « tisfaction dans le grand fossé de la porte Saint- « Antoine, ils se crurent hors de danger, lorsqu'a- « près à peine 25 pas de marche, ils tombèrent « tous les deux à la fois dans un aqueduc qui étoit « au milieu du fossé. Là, M. d'Alègre dut à la « présence d'esprit de M. Delatude d'être enlevé

« de ce précipice dans lequel ils avoient 10 piés « d'eau au-dessus de leurs têtes. A trente pas de « ce lieu, absolument libres, et n'ayant plus d'obs- « tacles à craindre, cette terrible nuit, il est permis « de le dire, finit pour ces deux courageux amis. « Leur premier soin fut de se jetter à genoux « et de remercier Dieu de la grâce qu'il venoit de « leur faire. M. Delatude a été détenu pendant « l'espace de trente-cinq années successivement à « la Bastille, à Vincennes et dans diverses autres « prisons. »

« Vers qui ont été mis au Louvre, au bas du « portrait de M. Masers, chevalier Delatude, ingé- « nieur, par M. C. de G..., avocat :

« Victime d'un pouvoir injuste et criminel,
« Masers dans les cachots eut terminé sa vie,
« Si l'art du despotisme aussi fin que cruel
« Avoit pu dans les fers enchaîner son génie. »

Ce portrait de Latude est de M. Vestier, académicien. Il fut exposé au Louvre et figure au Livret du Salon de 1791 sous le numéro 109 (*Musée Carnavalet*).

Après la prise de la Bastille on trouva, dans les archives de cette prison un billet de Latude à Mme de Pompadour; il était ainsi conçu : « Le

« 25 de ce mois de septembre 1760, à quatre « heures du soir, il y aura cent mile heures que je « souffre. »

Visiter un prisonnier était chose à peu près impossible et si l'un de ces malheureux obtenait la permission de lire ou l'autorisation d'écrire à sa famille, il considérait cette faveur inespérée comme un suprême bonheur. Ajoutons toutefois que les lettres ne parvenaient jamais à leur adresse. On en a trouvé en 1789 qui avaient plus de cent ans de date !

Le régime des prisonniers, nous dit Charpentier, l'auteur *de la Bastille dévoilée,* « consistait en une « livre de pain et une bouteille de mauvais vin par « jour; au dîner (11 heures du matin), du bouillon « et deux plats de viande; au souper (6 heures du « soir), une tranche de rôti, du ragout et de la « salade, mais le tout détestable. Le maigre au « beurre rance ou à l'huile nauséabondé. — Le « régime du pain et de l'eau n'était, dit-il, appli- « qué qu'aux vulgaires criminels ».

M. Ravaisson, dans son important ouvrage « *Les Archives de la Bastille* » n'est pas tout à fait de l'avis de Charpentier : « A la Bastille, dit-il, la « nourriture était saine et abondante, les repas

« que le gouverneur faisait servir auraient fait « envie à plus d'un bourgeois aisé, et si la cuisine « excitait les plaintes des prisonniers, c'est que le « gouverneur en était chargé et que se plaindre « d'un geôlier, c'est toujours un soulagement pour « ceux qu'il tient sous sa garde. »

Nous ne pouvons être absolument de cet avis, car c'est de l'ensemble des récits faits ou écrits par les prisonniers eux-mêmes qu'il faut tirer la triste vérité.

On sait aujourd'hui, sans aucun doute, que l'on était traité, *moralement et matériellement*, à la Bastille selon les ordres du ministre qui vous y envoyait; et, comme les pourvoyeurs de cet antre mystérieux du despotisme craignaient surtout les indiscrétions au sujet du régime intérieur, on n'avait d'égards que pour ceux qui devaient en sortir un jour : pour les princes et les grands seigneurs; pour les gens de lettres et les avocats qui ont toujours été d'incorrigibles indiscrets.

On doit aussi ajouter que la nourriture des prisonniers dépendait du plus ou moins d'avarice du gouverneur qui, dans les derniers temps, réalisait plus de 60.000 livres de rentes sur ses pensionnaires.

C'est pour cela que la haute noblesse et les grands dignitaires du royaume, simplement détenus, jouissaient à la Bastille de grandes faveurs : ils pouvaient y garder leurs officiers, leurs secrétaires, leurs valets; se réunir et se promener soit sur les tours, soit dans le jardin du bastion; leur table était fort bien servie, le plus souvent, il est vrai, à leurs frais, et le gouverneur ne leur parlait jamais qu'avec une extrême courtoisie, debout et le chapeau bas.

C'est aussi pour ces mêmes raisons que Marmontel[1] et Morellet assurent y avoir été traités en grands seigneurs; que Voltaire dit y avoir subi une détention relativement douce; que Fréron put y continuer la publication de son journal *l'Année littéraire;* tandis que Linguet se plaint amèrement et fulmine contre le régime de cette prison.

Il n'en était pas de même pour les malheureux que l'indifférence du roi, la haine d'un ministre, l'incapacité des juges ou la basse vengeance des puissants condamnaient à une vie de privations et de tortures. Souvent aussi, nous dit Décembre-

[1] D'après la lettre de Cachet et la lettre de levée d'écrou que nous donnons plus haut, on comprend facilement le dire de M. Marmontel dont la détention à la Bastille dura dix jours à peine.

Alonnier : « Ce n'était ni le roi, ni le ministre, ni le « parlement qui jetaient une foule de malheureux « à la Bastille : c'était un favori ou même le favori « d'un favori qui faisait écrouer ses ennemis per- « sonnels ou simplement ceux qui le gênaient, au « moyen de lettres de cachet en blanc ; confisquant « ainsi et comme à plaisir la vie et la liberté de « citoyens innocents. » Toutes ces pauvres victimes végétaient dans des cachots malsains, sans air, presque sans nourriture et constamment en but à la barbarie et à l'avarice des geôliers subalternes qui les enchaînaient par le cou, par les pieds, par les mains, les rivaient en quelque sorte aux murs des culs de basses-fosses, véritables oubliettes où ils les laissaient pourrir.

Nous ne voulons pour preuve de ces infâmes traitements que cette lettre laissée comme un stigmate indélébile par Pellissery et dans laquelle il se plaint au major de Losme de l'avarice et de la cruauté du gouverneur de Launay :

« Vous n'ignorez pas, monsieur, que depuis sept « ans, je suis enfermé dans le triste appartement « que j'occupe dans ce château, large de dix pieds « en tous sens dans son octogone, élevé de près de « vingt, situé sous la terrasse des batteries, d'où je

Fig. 11. — Statue de Voltaire.

« ne suis pas sorti la valeur de cinq heures en di-
« verses reprises. Il y règne un froid horrible en
« hiver malgré le feu médiocre qu'on y fait dans
« cette saison, toujours avec du bois sortant de
« l'eau[1]; sans doute par un raffinement d'humanité,
« pour rendre inutile le faible mérite ou l'assistance
« d'avoir un peu de feu pour tempérer le régime
« de l'appartement. Dans la belle saison, je n'ai
« respiré l'air qu'à travers une fenêtre percée dans
« une muraille épaisse de cinq pieds et grillée de
« doubles grilles en fer, à fleur de mur, tant en
« dedans qu'en dehors de l'appartement. Vous
« n'ignorez pas encore que je n'ai jamais eu, depuis
« le 3 juin 1777 jusqu'au 14 janvier 1784, qu'un
« méchant lit; je n'ai jamais pu faire usage du
« garniment, tant il était déchiré, percé de vers,
« chargé de vilenie et de poussière, et une mé-
« chante chaise de paille des plus communes, dont
« le dossier rentrait en dedans du siège et brisait
« les épaules, les reins et la poitrine.

« Pour couronner les désagréments d'une situa-
« tion aussi triste, on a eu la cruauté de ne me
« monter tous les hivers que de l'eau puante et

[1] Nous donnons plus loin le récit de Linguet à ce propos.

« corrompue telle que celle que la rivière verse, « dans ses inondations, dans les fossés de ce châ« teau, où elle grossit ses ordures et sa malpropreté « de tous les immondices que versent dans les fos« sés les divers ménages logés dans l'arsenal de « même que dans le château. »

« Pour mettre le comble à ces atrocités, pendant « plus de trente mois avant votre arrivée, l'on ne « m'a jamais servi que du pain le plus horrible du « monde, dont j'ai été cruellement incommodé, « accompagné, les trois quarts du temps, de tous « les rebuts et dessertes de la table des maîtres et « des domestiques, et le plus souvent de ces restes « puants et dégoûtants qui vieillissent et se cor« rompent dans les armoires d'une cuisine.

« A l'égard du pain, tous le printemps, tout « l'été, tout l'automne de l'année dernière, jus« qu'au 15 décembre, l'on ne m'a monté que du « pain le plus horrible du monde, pétri de toutes « les balayures de farines du magasin du boulan« ger dans lequel j'ai constamment trouvé mille « graillons, gros comme des pois et des fèves, d'un « levain sec et dur, jaune et moisi, qui désignait « assez que ce pain était commandé exprès et qu'il « était tout composé des échappées ou restants qui

« s'attachent contre le bois de la machine où l'on « pétrit et que l'on râclait soigneusement après « qu'elles s'étaient aigries. Moi, qui ne suis pas « difficile à contenter, nombre de fois j'ai eu de la « peine de manger la seule moitié de la croûte du « dessus, bien sèche et bien émiettée.

« J'ai eu plusieurs fois la démangeaison de vous « en parler, mais n'ayant rien pu gagner à l'égard « de l'eau, même depuis votre arrivée, et mes « plaintes à ce sujet m'ayant occasionné une scène « des plus désagréables avec Monsieur le Gouver- « neur, j'ai gardé le silence pour éviter toute nou- « velle altercation. J'attribue la violente secousse de « douleurs et de convulsions que j'ai ressenties dans « tous mes membres le 19 octobre dans la nuit et « qui me tiennent en crainte d'une paralysie dans le « bras droit et dans les jambes, à ce mauvais pain ; « je lui attribue cette crise de même que les res- « sentiments que j'ai encore quelques fois et l'hor- « rible dépôt qui s'était formé dans mes jambes, « dans mes pieds et mes mains tout cet hiver, « ayant eu constamment six doigts de mes deux « mains empaquetés et mes deux jambes depuis « deux doigts au-dessus de la cheville, et les cinq « doigts des pieds percés chacun de quinze à vingt

« trous. M. le chirurgien à qui je les ai montrés « plusieurs fois, pourra vous confirmer cette « vérité. »

Le seul crime de Pellissery était d'avoir critiqué le ministère Maurepas, au sujet de ses opérations financières, dans une brochure intitulée : *Erreurs et désavantages des emprunts des 7 janvier et 9 février* 1777.

De la Bastille, après avoir refusé sa liberté au prix d'une place d'espion dans les finances, Pellissery fut enfermé à Charenton où il était encore en 1789.

Pour compléter ces tristes tableaux d'un despotisme éhonté, nous empruntons à l'avocat-journaliste Linguet l'émouvante description de sa prison :

« En hiver, dit-il, ces caves funestes sont des « glacières, parce qu'elles sont assez élevées pour « que le froid y pénètre ; en été ce sont des poêles « humides, où l'on étouffe, parce que les murs en « sont trop épais pour que la chaleur puisse les « sécher.

« Le peu de lumière que, dans les belles jour-« nées, y laisse transpirer l'unique lucarne grillée, « ne peut servir qu'à en faire mieux distinguer « l'obscurité.

« Il y en a une partie, et la mienne était de ce

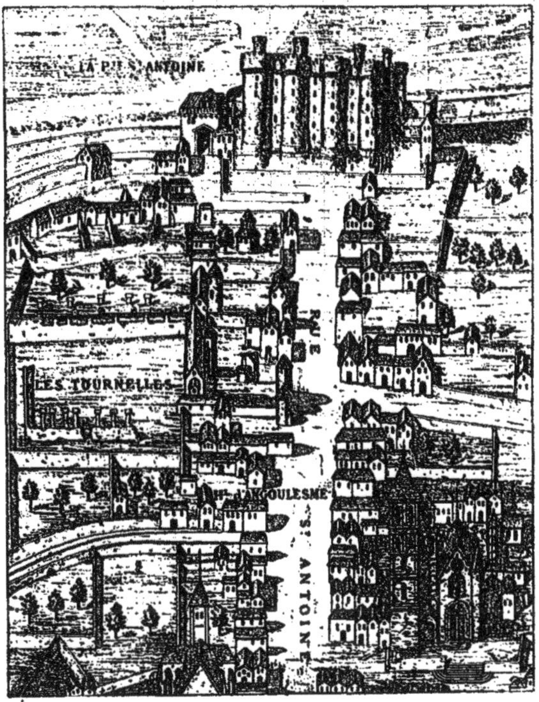

Fig. 12. — Quartier Saint-Paul, les Tournelles et la Bastille vers 1540

« nombre, qui donne directement sur le fossé où

« se dégorge le grand égout de la rue Saint-An-
« toine ; de sorte que, quand on le nettoie, ou en
« été dans les jours de chaleur un peu continuée,
« ou après chaque inondation, accident assez com-
« mun au printemps et en automne dans ces fos-
« sés creusés au-dessous du niveau de la rivière,
« il s'en exhale une infection pestilentielle. Une
« fois engouffrée dans ces boulins, que l'on appelle
« chambres, elle ne se dissipe que très lentement.

« C'est dans cette atmosphère qu'un prisonnier
« respire ; c'est là que, pour ne pas étouffer entiè-
« rement, il est obligé de passer les jours et sou-
« vent les nuits, collé contre la *grille intérieure*,
« qui l'écarte même du trou taillé en forme de
« fenêtre, par laquelle coule jusqu'à lui une ombre
« de jour et d'air. Ses efforts pour en pomper un
« peu de nouveau par cette sarbacane étroite ne
« servent souvent qu'à épaissir autour de lui la
« fétidité qui le suffoque.

« En hiver, malheur à l'infortuné qui ne peut
« pas se procurer l'argent nécessaire pour suppléer
« à ce qu'on distribue de bois au nom du roi.
« Autrefois il se délivrait sans compte et sans
« mesure, en raison de la consommation de cha-
« cun. On ne chicanait pas des hommes d'ailleurs

« privés de tout, et réduits à une immobilité si « cruelle, sur la quantité de feu qu'ils croyaient « nécessaire pour décoaguler leur sang engourdi « par l'inaction, ou volatiliser les vapeurs conden- « sées sur leurs murailles. Le prince voulait qu'ils « jouissent de ce soulagement, ou de cette distrac- « tion, sans en restreindre la dépense.

« L'intention est sans doute encore la même : les « procédés sont changés. Le gouverneur actuel « (de Launay) a fixé la consommation de chaque « reclus à *six bûches grosses ou petites*. On sait qu'à « Paris les bûches d'appartement ne sont que la « moitié de celles du commerce, parce qu'elles sont « sciées par le milieu. Elles n'ont qu'environ dix- « huit pouces de longueur. L'économe distributeur « a soin de faire choisir dans les chantiers ce qu'il « est possible de trouver de bois plus mince, et, « ce qui est aussi incroyable que vrai, de plus « mauvais. Il fait prendre, par préférence, les fonds « des piles, les restes de magasins, dépouillés par « le temps et l'humidité de tous leurs sels et aban- « donnés pour cette raison à bas prix..... *Six de « ces allumettes composent la provision de vingt- « quatre heures pour un habitant de la Bastille !*

« On demandera ce qu'ils font quand elle est

« disparue : ils font ce que leur conseille *en propres* « *termes* l'honnête gouverneur : *ils souffrent !*

Voilà ce qu'était le régime de la Bastille sous Louis XVI, car Pellissery et Linguet ne furent ni mieux ni plus mal traités que les autres prisonniers de ce temps.

Remontons maintenant au règne de Louis XIV et terminons par le récit d'un acte de basse monstruosité.

Après la révocation de l'édit de Nantes (1685)[1], les persécutions religieuses commencèrent. On enferma nombre de huguenots à Vincennes, au Châtelet, à la Bastille.

[1] Sous cette dénomination, on désigne un acte par lequel Louis XIV enleva aux protestants la liberté de conscience qui leur avait été accordée par Henri IV en 1598. Les conséquences de cet acte furent désastreuses : 250,000 protestants quittèrent la France, emportant à l'étranger, non seulement, les secrets de notre industrie, mais encore cette intrépidité, cette valeur militaire qui fut toujours l'apanage de la France.

Un grand nombre d'entre eux se réfugièrent en Allemagne et chaque fois que leurs fils vinrent en France à la tête des bataillons prussiens, ils nous firent cruellement payer le séjour de ces *missionnaires bottés* que leurs ancêtres durent loger au nom du roi. Ces missionnaires firent cependant l'admiration de Mme de Sévigné :

« *Les Dragons*, écrivait-elle le 28 octobre 1685, *ont été très bons* « *missionnaires,* » et en parlant de l'édit de révocation :

« *Rien n'est si beau que se qu'il contient ; jamais aucun roi n'a* « *fait ni ne fera rien de plus mémorable.* »

Et le vieux Le Tellier ne comprit pas qu'il signait un des plus grands malheurs de la France.

L'un d'eux, Jean Cardel (de Tours) resta dix-neuf ans dans les cachots de Vincennes, chargé de fers et accablé de coups par ordre du gouverneur, le sieur Bernaville, auquel La Reynie (Lieutenant général de police) avait recommandé ce prisonnier :

Fig. 13. — Jean Cardel dans son cachot, d'après un dessin des cachots de la Bastille conservé au musée Carnavalet.

« Faites tous vos efforts, lui avait-il dit, afin de con-
« vertir M. Cardel, pour qui j'ai une considération
« toute particulière. » Bernaville, qui prenait les conseils du père Lachaise, jésuite français, confesseur du roi, traduisit *convertir* par *torturer*.

Transféré à la Bastille, Cardel y trouva quelque

pitié dans son gouverneur M. de Baisemeaux. Mais sous le gouvernement du sieur Benigne d'Auvergne de Saint-Mars, secondé par son neveu, un soudard du nom de Corbé, le malheureux Cardel fut replongé dans les fers. *Ce martyr y resta en tout trente années.*

Son seul crime fut, à la vérité, son continuel refus d'abjurer sa religion !

Saint-Mars le fit enfermer presque nu dans le plus hideux des cachots où, pendant les crues de la Seine, il resta de longs jours avec de l'eau jusqu'au cou !

Quand on le trouva mort sur sa paille, véritable fumier, il était enchaîné par les reins, par les mains et par les pieds. *La clémence du gouverneur lui avait, paraît-il, épargné le carcan qui, à lui seul, pesait 60 livres !*

De telles atrocités dignes des geôliers de la féodalité et des bourreaux de l'inquisition se passent de commentaires.

Il nous suffit de livrer à la réprobation universelle ceux qui les exécutèrent, ceux qui les ont commandées et ceux qui les ont laissées faire.

Un seul homme *osa* tenter d'adoucir les souffrances des prisonniers ; malheureusement il resta trop peu de temps au département de Paris. Cet homme de bien, c'était le premier président de la cour des aides, directeur de la librairie, M. Lamoignon de Malesherbes, qui, devenu ministre, eut pour premier souci de visiter les prisons : « Il en fit « sortir tous ceux qui étaient innocents ainsi que « ceux qui, par la longueur de leur captivité se « trouvaient trop punis et ordonna que des soins « délicats et des attentions touchantes consolassent « les infortunés que leurs délits bien constatés « l'empêchaient de faire élargir. »

Comme on le voit, par les lettres et récits que nous venons de reproduire, le régime de la Bastille n'était pas ce qu'ont dit certains auteurs, car son histoire serait un long martyrologe.

Toutes ces ignominies, qui commençaient à se répandre dans le public, jointes à la tyrannie croissante du pouvoir qui l'opprimait chaque jour davantage, devaient bientôt faire éclater la juste colère du peuple.

Jeter bas cette mystérieuse et lugubre prison, la terreur et la menace de quatre siècles, fut dès lors son unique cri, son unique espérance !

La prise de la Bastille, par le peuple de Paris, fut donc, outre un acte d'humanité, une habile mesure stratégique.

LA PORTE SAINT-ANTOINE

QUAND il fut décidé que la porte Saint-Antoine serait reportée en dehors de la forteresse, qui devait être ainsi complètement isolée, on la construisit sur la gauche de la Bastille, en venant de Paris, et en arrière du fossé qui protégeait déjà le rempart.

En 1380, elle affectait la forme d'une construction massive, plus haute que large, à quatre faces. La face qui regardait l'extérieur était ornée de quatre tourelles ou échauguettes au-dessus d'une voûte unique munie d'un pont-levis. Ce dernier reposait sur un pont dormant reliant la porte à la contrescarpe près de laquelle il était lui-même coupé par un autre pont-levis ; entre ces deux ponts-levis, une herse.

En 1573, ce système de ponts fut remplacé par un seul pont dormant en pierres terminé, du côté du faubourg, par une vaste demi-lune ornée de statues placées aux tournants nord et sud du fossé

Fig. 15. — La Bastille et la porte Saint-Antoine vues du Faubourg vers 1380, d'après un dessin conservé au Musée Carnavalet.

extérieur. A cette même époque, la porte fut transformée en un magnifique arc de triomphe, sous lequel Henri III passa, le 4 septembre 1573, à son retour de Pologne; cet arc fut remanié en 1660. — Plus tard, en 1671, l'architecte Blondel le restaura et le compléta au moyen des deux portes « qui sont aux côtés de celle du milieu qui est la

« plus grande [1] », de statues et de bas-reliefs, pour l'entrée de Louis XIV à Paris, ainsi que l'indique l'inscription de l'attique ainsi conçue : « *Ludovico Magno, Præfectus et Ædiles, anno* 1672.

Fig. 16. — La Porte Saint-Antoine, démolie en 1788, rue du Faubourg d'après les dessins du Musée Carnavalet.

Cet arc-porte ne subit plus de transformations jusqu'à sa démolition en 1788 ; on ouvrit alors un boulevard sur la rue du Rempart [2] et, à la place du Bastion Saint-Antoine, des fossés et du jardin des *Arbalestriers* devenus rue Amelot, on commença à élever tout un quartier neuf (1788-1789).

La porte Saint-Antoine dont nous donnons la

[1] Piganiol de la Force (1742), t. IV, p. 428.
[2] Le boulevard Beaumarchais actuel.

représentation est décrite en ces termes par Piganiol de la Force (1742), t. IV, p. 422 :

« On prétend que cette porte fut bâtie sous le « règne d'Henry II pour servir d'arc de triomphe « à la mémoire de ce prince. D'autres assurent « qu'elle fut élevée pour l'entrée du Roy Henri III « revenant de Pologne, mais je n'ai vû nulle part « la preuve ni de l'un, ni de l'autre de ces deux « sentimens. Ce qu'il y a de constant, c'est qu'il « y avait ici une porte l'an 1671 lorsque François « Blondel fut chargé de la restaurer. Cet ingé- « nieur, qui n'était pas moins habile dans l'archi- « tecture que dans les autres parties des mathéma- « tiques, conserva l'ancien ouvrage de cette porte, « et continua de chaque côté l'Ordre Dorique dont « on l'avoit décorée. Ce monument a neuf toises « de largeur sur sept ou huit de hauteur. A la « porte ou ouverture qui était au milieu, Blondel « en ajoûta deux autres, une de chaque côté qui « ont presque la même hauteur et la même largeur, « et qui rendent l'entrée de la ville plus facile aux « voitures......

« La face qui est du côté du faubourg (*et que « représente notre dessin*) est ornée de refands et

« d'un grand entablement Dorique qui règne sur « toute la largeur, et lequel est surmonté d'un « Attique, en manière de piédestal continu, aux « extrémités duquel sont deux obélisques.

« Dans les niches pratiquées entre les pilastres, « sont deux statues qui représentent les suites « heureuses de la Paix faite entre la France et « l'Espagne en 1660. Celle qui est à main droite « tient une anchre au bas de laquelle il y a un dau- « phin. Cette figure est allégorique à l'*Espérance* « que la France avoit conçue de cette paix qui « avoit été cimentée par le mariage du roy Louis XIV « avec Marie-Thérèse d'Autriche Infante d'Espagne. « L'autre statue est la *Sûreté* publique qui est dési- « gnée par cette figure qui s'appuye sur une colonne « avec une attitude et un visage si tranquilles, « qu'elle fait connoître qu'elle n'a plus rien à « craindre. Ces deux statues sont de *François* « *Anguière*, et des chefs-d'œuvre.

« Au-dessus de ces niches sont deux vaisseaux « qui sont allégoriques à celui que la ville de Paris « porte dans l'écusson de ses armes.

« Sur une espèce de console formée par la saillie « de la clef de la voûte du grand portique, est un « buste du Roy Louis XIV, fait d'après le naturel

« par *Girard Vanopstal*, sculpteur, et qui a été « peint en bronze pour le détacher du corps de la « maçonnerie.

« Deux figures qui représentent la Seine et la « Marne, sont à demi-couchées sur les impostes, « et sont regardées comme des chefs-d'œuvre de « sculpture[1]. Les uns disent qu'elles sont de Maître « *Ponce* et les autres de *Jean Gougeon*. Ce qu'il y « a de plus constant, c'est que leur excellence fit « qu'on les conserva lorsqu'en 1660 on rebâtit « cette porte.

« L'attique est formé par une grande table de « marbre noir au-dessus de laquelle sont les armes « de France et de Navarre, en deux écussons joints « ensemble, entourés des coliers des ordres de « Saint-Michel et du Saint-Esprit, et surmontées « d'une couronne fermée. Deux trophées d'armes « achèvent de remplir le vuide de ce fronton, au- « dessus duquel sont deux statues à demi-cou- « chées, vêtues de long, et ayant des tours sur « leurs têtes. Celle qui tient sur ses genoux une « couronne fermée et fleurdelisée, représente la « *France*. L'autre tient un petit bouclier et quel-

[1] Ces deux figures sont conservées dans le Jardin du Musée de Cluny (côté de la rue de Cluny).

« ques dards, et désigne l'*Espagne*. Elles se « donnent la main en signe d'amitié et d'alliance.

« L'himen qui est plus haut, au milieu d'un « attique en manière de piedestal continu, semble « approuver et confirmer cette union qu'il a fait « naître. D'une main il tient son flambeau allumé, « et de l'autre un mouchoir. Les extrémités de ce « piedestal continu sont terminées par deux pyra- « mides, aux pointes desquelles sont des fleurs de « lys doubles et dorées de même que les boules « qui portent ces pyramides. Toutes ces figures « sont de *Vanopstal*, et de quatre pieds plus « grandes que le naturel.

« L'inscription qui est gravée en lettres d'or sur « la grande table de marbre noir dont j'ai parlé, « explique toute cette composition en nous disant « que la paix des Pyrénées a été faite et cimentée « par les armes victorieuses de Louis XIV, par les « heureux conseils de la Reine Anne d'Autriche sa « mère, par l'auguste mariage de Marie-Thérèse « d'Autriche et par les soins assidus du Cardinal « Mazarin.

« Voici les termes dans lesquels cette inscription « est conçue :

Paci
victricibus
LVDOVICI XIV.
Armis.
Felicibus ANNÆ conciliis
augustis.
M. THERESIÆ nuptiis,
assiduis Julii Cardinalis MAZARINI
Curis
Portæ fundatæ æternum
firmatæ
Præfectus Urbis Ædilesque
sacravere
Anno M. DC. LX

« Les deux portes qui sont aux côtés de celle du « milieu qui est la plus grande, n'ont été percées « qu'en 1672. Comme il paroit par les inscriptions « qui sont dans deux tables de l'attique sur l'une « desquelles on lit :

LUDOVICO MAGNO
Præfectus et Ædiles
Anno R. S. H.[1]
1672.

« Sur l'autre de ces deux portes est écrit :

Quod Urbem auxit,
Ornavit, Locupletavit.
P. C.[2].

[1] R. S. H. signifient : Reparatæ salutis hominum.
[2] P. C. signifient : Posuerunt Consules.

« Avant de quitter cette porte, je dois remar-
« quer qu'elle est bâtie sur une des culées du
« *Pont Dormant,* ainsi nommé à cause que l'eau
« qui est dessous ne coule point, et est une eau
« dormante. »

Enfin, on construisit les deux corps de garde avec fontaine publique, de la place Saint-Antoine et devant la Bastille (rue Saint-Antoine en face de l'entrée de la forteresse).

DESCRIPTION DE LA BASTILLE

EN 1789

En 1789, la Bastille se composait de huit grosses tours rondes de 73 pieds de haut avec des murs de 6 pieds d'épaisseur. Elles étaient reliées par des massifs de même hauteur et de 10 pieds de large. — L'ensemble de ces tours et de ces massifs affectait la forme d'un parallélogramme irrégulier, légèrement en saillie du côté du faubourg. Les plates-formes garnies de créneaux et de machicoulis étaient armées de 15 pièces de canons.

Un fossé large et profond l'isolait complètement.

C'est en 1553, quand on modifia une partie des fortifications de la capitale, que fut construit, tel qu'il était en 1789, le bastion[1] destiné à protéger la Bastille en croisant ses feux avec celui de la poudrière[2] et celui de Saint-Antoine[3].

Chaque tour avait son nom : la tour *de la Chapelle* (A du plan, page 60) et celle *du Trésor* (B) furent les premières édifiées. Peu après on construisit la tour *de la Liberté* (C) et celle *de la Bertaudière* (D). A cet ensemble de quatre tours on ajouta celles *du Coin* (E) et *du Puits* (F). Enfin la tour de la *Comté* (G) et celle *de la Bazinière* (H) furent élevées les dernières.

Tour de la Chapelle. — C'est dans cette tour, qu'au XVe siècle, se trouvait la chapelle de la Bastille qui fut ensuite transférée dans l'épaisseur du massif entre la tour de la Liberté et celle de la Bertaudière (P). Linguet en décrit ainsi l'intérieur : « Dans le « mur d'un de ses côtés, celui qui faisait face à « l'autel, il y avait six petites niches sans jour ni

[1] On lit dans Piganiol de la Force (1742), t. IV, p. 420 :
« Les fortifications qu'on y voit furent commencées le 11 d'Août « de l'an 1533 et ne furent achevées qu'en 1559. Elles consistent en « une courtine flanquée de bastions, et bordée de larges fossés à « fond de cuve. Les propriétaires de Paris furent taxés pour cette « dépense, depuis quatre livres, jusqu'à vingt-quatre livres tournois. »

[2] Ce bastion était situé à peu près vers le milieu du boulevard Bourdon actuel.

[3] Cet autre bastion s'élevait sur l'emplacement actuel des premiers numéros pairs du boulevard Beaumarchais.

« air. On y enfermait le prisonnier, qui ne pouvait « voir l'officiant que par une lucarne vitrée et gril- « lée, semblable à un tuyau de lunette. En revanche, « il avait devant les yeux *un tableau représentant* « *Saint Pierre aux liens.* »

Tour du Trésor. — Ainsi nommée lorsque Henri IV y déposa les économies destinées à créer le Trésor de l'État. Marie de Médicis, pendant sa régence, dilapida les 15.870.000 livres d'argent comptant qui s'y trouvaient [1].

Sur la partie extérieure du massif qui reliait ces deux tours, on voyait encore en 1789 l'arcade qui fut la première porte Saint-Antoine. Le vide en avait été comblé tout en ménageant dans l'épaisseur de la voûte un certain nombre de chambres.

Tour de la Liberté. — Ce nom, qui semble un euphémisme, lui fut donné vers 1380, à la suite d'un assaut des Parisiens, qui crièrent pour la première fois : « Liberté ! liberté ! ! » C'est dans cette même tour, dit l'historien anonyme de Charles VI, que le

[1] On lit dans les *Mémoires de Sully* : « Le Roy avoit en 1604 sept millions d'or dans la Bastille et sur l'an 1610, en avait pour lors quinze millions huit cent soixante et dix mille livres d'argent comptant, dans les chambres voûtées, coffres et caques, étant en la Bastille ; outre dix millions qu'on en avait tirés pour bailler au trésorier de l'épargne.

prévôt de Paris, Hugues Aubriot, avait été enfermé « *pour y faire pénitence perpétuelle au pain de tris-* « *tesse et à l'eau de douleur, comme fauteur d'infidé-* « *lité judaïque, comme hérétique, etc., etc.* ».

Au rez-de-chaussée de cette tour se trouvait la chambre de la question qui fut supprimée quand Louis XVI abolit la torture. Il paraît, cependant, qu'un certain Alexis Danouilh y fut mis, en 1783 à la question ordinaire et extraordinaire.

Tour de la Bertaudière. — Elle devait son nom à un certain Bertaud, maçon, qui se tua en tombant de sa plate-forme pendant sa construction. Son troisième étage servit de prison au Masque de fer, pendant cinq années.

Tour de la Bazinière. — En 1663, un sieur de la Bazinière, trésorier de l'Epargne, y fut enfermé; elle conserva son nom.

Tour de la Comté. — On ne connaît par l'origine de ce nom.

Tour du Coin. — Cette tour tirait son nom de sa situation au coin de la rue Saint-Antoine.

Tour du Puits. — C'était au pied de cette tour qu'avait été creusé le puits de la Bastille.

Les tours de la Chapelle, du Trésor, de la Liberté, de la Bertaudière, de la Comté et de la Bazinière avaient leur entrée sur une cour de 120 pieds de long sur 72 de large appelée cour d'honneur, grande cour ou cour des prisons. Trois des côtés de cette cour étaient formés par les tours et les courtines; une construction moderne, d'aspect bourgeois, haute de trois étages, édifiée en 1761, sous le règne de Louis XV, ainsi que l'indiquait une inscription en lettres d'or sur marbre noir, en formait le quatrième côté.

Le rez-de-chaussée de cette construction, surélevé de quelques marches, était occupé par la Salle du Conseil (I du plan, page 60) où le lieutenant général de police interrogeait les prisonniers et par la Bibliothèque (K) installée en 1383. — Entre ces deux pièces principales se trouvaient des chambres de domestiques, le logement du porte-clefs chef et le passage qui faisait communiquer la cour d'honneur et la cour des cuisines.

Au premier étage et au-dessus de la Salle du Conseil se trouvait l'appartement du Lieutenant du roi; au second celui du major; au troisième ceux du chirurgien et de l'aumônier. Au premier, au second et au troisième étages au-dessus de la Bibliothèque il y avait des chambres destinées à des prisonniers de distinction punis par leur famille, ou à des prisonniers malades soignés à leurs frais.

Sur le côté gauche de la cour d'honneur, entre la Bertaudière et la Bazinière, on remarquait des constructions sur pilotis (*n*) où étaient conservées les Archives de la Forteresse, et, un peu plus loin (*e*), l'entrée de la chapelle. A droite l'entrée de quelques chambres construites dans l'ancienne porte de ville entre les tours du Trésor et de la Chapelle, puis le *Cabinet* : salle basse et obscure, véritable cachot où était obligé de s'enfermer, en toute hâte, le prisonnier qui se promenait dans la cour lorsque la sentinelle qui le surveillait, entendant venir quelqu'un, lui criait : « Au Cabinet ! » Les prisonniers ne devaient, ni voir, ni être vus de personne. A ce propos, Linguet écrit : « J'ai souvent compté que sur une heure, durée de la plus « longue promenade il y avait trois quarts d'heure « consommés dans l'inaction cruelle et humiliante « du cabinet. »

C'est en effet dans la cour d'honneur que certains prisonniers obtenaient l'insigne faveur de passer une heure au plus par jour, surtout depuis que le comte de Launay avait été nommé gouverneur.

Avant lui, les prisonniers pouvaient se promener au grand air sur les tours et dans le jardin du bastion.

Alléguant le petit nombre de ses gardiens et autres faux prétextes, de Launay supprima ces promenades. La vérité, c'est que ce despote orgueilleux et avare, qui mesurait l'eau, le pain et le feu à ses prisonniers, avait loué le jardin du bastion à des maraîchers, ainsi que les fossés extérieurs.

C'est encore dans la cour d'honneur que se trouvait la fameuse horloge de la Bastille, autre emblème de la cruauté de ses pourvoyeurs. Voici, du reste, ce que dit Linguet de son odieuse ornementation : « On y a pratiqué un beau cadran ; « mais devinera-t-on quel en est l'ornement, quelle « décoration l'on y a jointe? des fers parfaitement « sculptés ! Il a pour support deux figures enchaî- « nées par le col, par les mains, par les pieds, par « le milieu du corps : les deux bouts de ces ingé- « nieuses guirlandes, après avoir couru tout autour « du cartel, reviennent sur le devant former un « nœud énorme ; et pour prouver qu'elles menacent « également les deux sexes, l'artiste guidé par le « génie du lieu, ou par des ordres précis, a eu

« grand soin de modeler un homme et une femme[1] :
« voilà le spectacle dont les yeux d'un prisonnier
« qui se promène sont récréés : une grande ins-
« cription gravée en lettres d'or sur un marbre noir
« lui apprend qu'il en est redevable à M. Raymond
« Gualbert de Sartines, etc. »

Fig. 19. — Horloge de la Bastille. (Musée Carnavalet.)

Quand le ministre Breteuil eut connaissance du *mémoire* de Linguet, il voulut voir lui-même cette horloge et, dès qu'il la vit : « Dans deux heures je veux que ces chaînes soient enlevées » ; deux heures après les statuettes en étaient délivrées.

De l'autre côté du bâtiment moderne, dont il a été parlé plus haut, se trouvait la *cour des Cuisines* ou *cour du Puits*, longue de 72 pieds, large de 42.

[1] Est-ce une erreur ou intentionnellement que Linquet dit : « une femme ». D'après le dessin que nous donnons de l'horloge de la Bastille et les documents qu'il nous a été donné de consulter au Musée Carnavalet, les deux figures représentaient un vieillard et un homme dans la force de l'âge.

Les tours du Coin et du Puits y avaient leur entrée. — Dans le massif qui reliait ces deux tours, on voyait les chambres des porte-clefs, des gens de cuisine, des domestiques de certains prisonniers et celles de quelques détenus. Le sous-sol en était occupé par des cachots les plus malsains de la Bastille (*c. c'*) ne prenant air et jour que par une étroite barbacane donnant sur le fossé où s'ouvrait la bouche de l'égout de la rue Saint-Antoine. C'est dans un de ces cachots que mourut Jean Cardel.

Il y avait aussi *des oubliettes* à la Bastille ; elles avaient été construites par Louis XI, *dans la tour de la Liberté !*

Cette cour du Puits était un véritable foyer d'infection toujours entretenu par les détritus de toutes sortes qu'on y laissait séjourner et pourrir.

Bien que de même hauteur, toutes les tours de la Bastille n'avaient pas le même nombre d'étages.

Les tours du Trésor et de la Chapelle n'avaient que deux étages et pas de cachots inférieurs ; les tours de la Liberté et de la Bertaudière avaient trois étages et des cachots.

Au contraire, les quatre tours du Coin, du Puits, de la Comté et de la Bazinière avaient cinq étages de prisons et des cachots ; les deux étages supérieurs avaient des doubles planchers, l'un en chêne, l'autre en sapin, séparés par un bourrage.

L'étage supérieur se nommait « *la Calotte* », nom qui lui venait de la forme de son plafond voûté en dôme comme celui des cachots inférieurs[1]; les calottes étaient aussi redoutées que les cachots. C'était l'étage le plus malsain de la tour : en hiver il s'y formait une couche de glace sur les parois des murs; en été, le plomb des plates-formes y entretenait une chaleur intolérable. L'excès de ces deux températures était également meurtrier.

On accédait aux différents étages des tours par un escalier tournant, particulier à chacune d'elles et muni de plusieurs portes dans sa hauteur.

L'intérieur des prisons affectait la forme octogonale. Ces pièces étaient assez grandes (15 à 20 pieds de haut et à peu près autant de large) pour y loger de 3 à 4 prisonniers; moins inhabitables que les calottes, elles étaient cependant très chaudes en été et très froides en hiver.

L'ameublement, nous dit l'auteur de la *Bastille dévoilée*, se composait : « d'un lit de serge verte

[1] D'après les coupes et élévations du plan de la Bastille par Caffieri (Musée Carnavalet) certains étages des tours étaient voûtés comme les calottes.

« avec rideaux semblables; une paillasse et un « matelas; une table ou deux, deux cruches, un « chandelier et un gobelet d'étain; deux ou trois « chaises, une fourchette, une cuiller et l'assortiment complet d'un briquet; par faveur spéciale « de petites pincettes très faibles et deux grosses « pierres en guise de chenêts ».

Toutes les chambres des tours avaient une cheminée garnie, dans son intérieur, de forts barreaux de fer. Dans les autres chambres on installait quelquefois un poêle.

Les fenêtres qui donnaient air et jour dans ces prisons méritent une description spéciale. — Dans le principe, « elles formaient d'assez grandes baies « et chaque chambre en avait deux ou trois, ce « qui aidait à la circulation de l'air, prévenant « ainsi l'humidité et l'infection ». Mais le zèle d'un gouverneur *bien pensant* les fit réduire à une, qu'il transforma en longue meurtrière garnie de trois grilles : une en dedans du mur, une au milieu de son épaisseur et la troisième en dehors : cette dernière était souvent munie d'une hotte en bois. — Par un raffinement de cruauté ces grilles, d'un pouce d'épaisseur, étaient disposées de manière que les barreaux de l'une fussent exactement sur les vides de l'autre. Grâce à cet ingénieux moyen, leurs mailles de quatre pouces de large se trouvaient ainsi réduites à deux pouces à peine. — Enfin pour arriver au vitrage intérieur de quelques-unes de ces meurtrières, il fallait monter trois marches de un pied chacune et dans l'épaisseur du mur se trouvait ménagé un petit espace formant le cabinet d'aisances.

Les cachots, horribles caves situées à dix-neuf pieds au-dessous du niveau de la cour des prisons et à cinq pieds au-dessus du fond du fossé, avaient un *ameublement* beaucoup plus *modeste :* un peu de paille, une pierre en guise de siège, des chaînes, des carcans et une cruche !

Les malheureux qu'on y enfermait ne pouvaient vivre longtemps dans ces cloaques, sur une terre toujours boueuse où pullulaient les rats, les crapauds, les araignées et nombre d'autres animaux, aussi immondes.

L'ensemble de la forteresse était protégé par deux larges et profonds fossés, presque toujours à sec, sauf pendant les fortes crues de la Seine : le fossé extérieur qui entourait le bastion, et le fossé de la Bastille qui l'entourait spécialement, l'isolant même de son bastion.

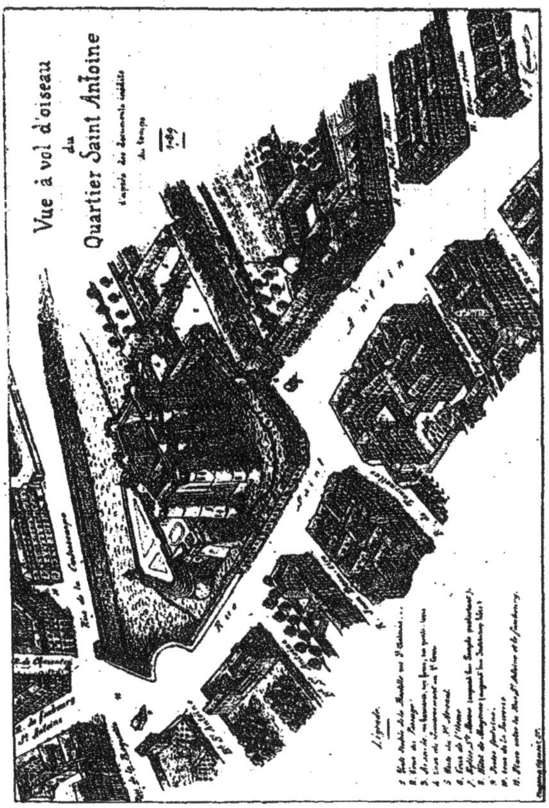
Vue à vol d'oiseau
du
Quartier Saint Antoine
Légende

Le fossé de la Bastille était limité par un mur de 36 pieds de haut (12 mètres) qui lui servait de contrescarpe. — Sur tout le contour intérieur de ce mur régnait une galerie en balcon, soutenue par des potences en bois; on l'appelait : *les rondes*. En effet, sur ce balcon se promenaient quatre sentinelles surveillées par de fréquentes rondes d'officiers. Ces sentinelles avaient pour consigne de garder à vue la forteresse et de tirer impitoyablement sur quiconque chercherait à s'en évader.

Pour assurer leur vigilance, on les forçait à sonner une cloche toutes les heures pendant le jour; tous les quarts d'heure pendant la nuit.

La communication entre le bastion et la Bastille avait été assurée dès 1553 au moyen d'un pont dormant appuyé sur une culée en pierres qui faisait partie de ce bastion et relié à la forteresse par un pont-levis servant de porte à la baie ouverte dans le massif qui joignait la tour de la Comté à celle du Trésor. — Quand le sieur de Launay supprima les promenades sur le bastion, il fit démolir le pont dormant et lever le pont-levis; voilà pourquoi, en 1789, il ne restait de cet ensemble que la culée en pierre.

Enfin, sur l'extérieur du mur de contrescarpe du

fossé de la Bastille, étaient adossées de petites boutiques d'artisans louées par le gouverneur.

Maintenant, pour arriver à l'intérieur de la Bastille, il fallait franchir une quantité d'obstacles que nous allons énumérer :

D'abord, rue Saint-Antoine, en face de la rue des Tournelles, on passait sous une voûte, au-dessus de laquelle se trouvaient des locaux servant de magasins d'armes[1]. On se trouvait alors dans une cour beaucoup plus longue que large appelée : « *Cour du passage* »[2], facilement accessible au public, à la condition expresse de n'y pas stationner. Une sentinelle faisait du reste respecter cette consigne et en chassait le public, à l'arrivée d'un prisonnier.

Six des petites boutiques d'artisans dont nous avons déjà parlé en formaient le côté gauche; le côté droit se composait de magasins et de constructions servant de caserne aux invalides. Dans

[1] On lit dans Piganiol de la Force (1742 — t. IV, p. 422) : « Sur la « première porte de la Bastille, c'est-à-dire sur celle qui donne dans « une petite place qui est en cet endroit de la rue Saint-Antoine, « est un magasin d'armes où l'on en trouve de toutes espèces et en « grande quantité. Les curieux y remarqueront d'anciennes armures « de chevalerie et ils trouveront toutes ces choses d'une propreté et « dans un arrangement qui les surprendront agréablement. »

[2] Aujourd'hui rue Jacques-Cœur.

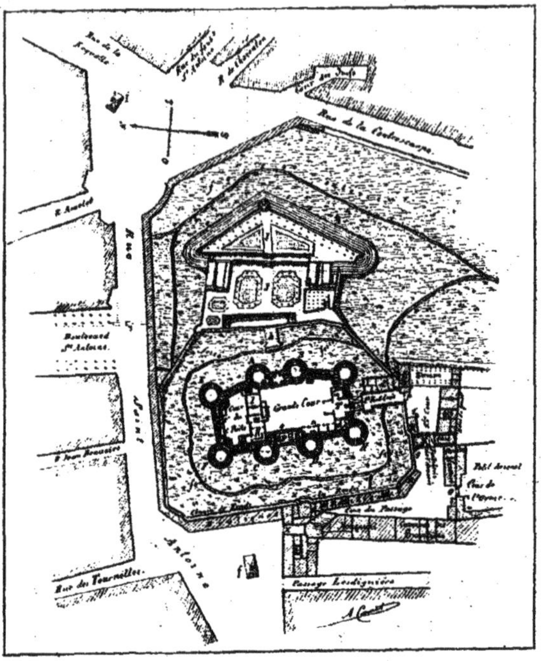

Fig. 21. — PLAN DE LA BASTILLE EN 1789. (D'après Caffiéri, Musée Carnavalet.)

A. Tour de la chapelle; B. Tour du Trésor; C. Tour de la Liberté; D. Tour de la Bertaudière; E. Tour du coin; F. Tour du Puits; G. Tour de la Comté; H. Tour de la Bazinière; I. Salle du Conseil; J. Bastion et jardin du bastion; K. Bibliothèque; L. Escalier du fossé extérieur ou du bastion; M. Donjon du bastion; N. Guérites du chemin de ronde; O. Porte du Petit arsenal; P. Chapelle; R. Corps de garde de l'avancée; T. Tambour intérieur; X. Entrée de la Bastille rue Saint-Antoine.

a. Puits de la Bastille; cc'. Cachots; d. Cuisines (constructions sur pilotis); e. Entrée de la Chapelle; f. Postes fontaines; gg'. guérites extérieures; h. culée de l'ancien pont reliant le bastion à la forteresse; m. corps de garde intérieur; n. Archives (constructions sur pilotis); p. Porte de bois ouverte dans le mur du fossé; y. Emplacement de la porte Saint-Antoine démolie en 1788.

⊠ Ponts-levis de l'avancée et de la forteresse.

. . . . . Barrières à coulisses de l'avancée.

cette cour il y avait la porte (*O*) du petit arsenal derrière laquelle se trouvait la « *Cour de l'Orme*[1] ».

Au fond de la cour du Passage, des barrières en bois et à coulisses, précédaient un fossé suivi lui-même d'un mur élevé, percé d'une porte et d'un portillon avec ponts-levis; cet ensemble se nommait « *l'Avancée* ».

A droite de l'Avancée et longeant le mur du petit arsenal : les écuries et remises du gouverneur; à gauche la guérite (*g*) du factionnaire. Le pont-levis du portillon restait abaissé tout le jour, sauf dans des cas particuliers.

L'avancée franchie, on entrait dans « *la cour du Gouvernement ou Première cour* ». A droite on y voyait l'hôtel du gouverneur, jolie construction moderne; à gauche, le poste (R) de l'avancée et la guérite (*g'*); au fond en face, la terrasse du gouverneur limitée à gauche par une construction comprenant des appartements et l'escalier (L) des fossés extérieurs. A côté, dans le mur de contrescarpe du fossé de la Bastille, *la porte de bois* (*p*), assemblage de fortes planches de chêne ferrées. Derrière cette porte, un pont dormant en pierres d'une lon-

[1] Ainsi appelée à cause d'un grand orme qui ombrageait l'un de ses coins.

gueur de quinze toises (30 mètres) reposant sur

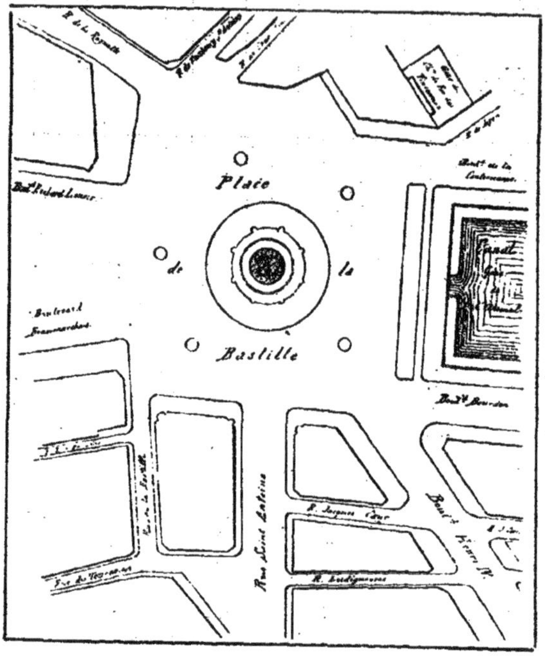

Fig. 22. — Place de la Bastille en 1889.

deux ·ches et s'avançant sur le fossé, jusqu'à quelques mètres de la porte de la forteresse.

Sur ce pont, à droite en venant de la première

cour, des constructions légères comprenant : des cuisines, des logements et la salle de bain du gouverneur.

A son extrémité, un peu élargie sur la gauche en face du portillon de la forteresse, ce pont était muni d'une barrière de bois; on y voyait aussi les appuis et amarres des ponts-levis de la porte et du portillon.

L'un des deux ponts-levis abaissé, le fossé franchi, on entrait dans la Bastille.

Là, on se trouvait en présence d'une sorte de cage remplaçant la herse, où veillaient des sentinelles; derrière cette cage, les lourdes portes bardées de fer de la forteresse.

Passé ces portes, on était sous la sombre voûte de la prison, agrandie au moyen d'un tambour intérieur (T) dans lequel on avait aménagé le corps de garde *(m)*.

Enfin, derrière ce tambour, la grande cour des prisons.

Voilà ce qu'étaient la Bastille et ses annexes.

C'est à ce formidable ensemble de défenses que le peuple de Paris résolut de donner assaut le 14 juillet 1789.

PRISE DE LA BASTILLE

I

ÉVÉNEMENTS PRÉLIMINAIRES

La guerre d'Amérique qui coûta un milliard et demi à la France, les inondations et la grêle qui amenèrent la famine pendant l'hiver de 1788, avaient épuisé les finances du royaume, accru la misère du peuple et augmenté les embarras du gouvernement. Sur les conseils de Necker, Louis XVI voulut recourir aux emprunts, le Parlement refusa. Il tenta la convocation des notables qui se séparèrent sans rien résoudre. Alors le cardinal de Brienne proposa l'impôt du timbre et la subvention terri-

NECKER

toriale; le parlement refusa de nouveau : il fut exilé à Troyes. Bientôt rappelé il déclina encore tout pouvoir d'enregistrer ces impôts et demanda instamment la convocation des Etats généraux.

Ils furent convoqués pour le 5 mai 1789 a Versailles.

C'est alors que des clubs se formèrent à Paris et en province : *on y parlait des droits du peuple* **et le peuple apprit qu'il avait des droits.**

Pendant ce temps les députés avaient rédigé les *Cahiers de demandes;* les trois ordres (noblesse, clergé et tiers état) s'étaient entendus pour obtenir des réformes sérieuses ; le tiers surtout insistait au nom du peuple et, au nombre de ses justes revendications se trouvaient : *la souveraineté de la nation, l'égalité devant la loi, l'inviolabilité de la propriété, la liberté naturelle, civile, religieuse, etc., etc., l'abolition des lettres de cachet et la* **démolition de la Bastille tant comme forteresse menaçant la capitale que comme prison d'état.**

Trompé par son entourage, Louis XVI ne comprit pas à quelle révolution les esprits étaient préparés. Il ne vit dans les demandes du tiers état qu'un désir exagéré d'innovation contre lequel il devait promptement réagir. Aussi le tiers fut-il abreuvé d'outrages ridicules. Il s'agissait de la vérification des pouvoirs : le tiers se rend dans la salle des Etats, les deux autres ordres s'abstiennent !

Las de tant d'arrogance et fatigué de tous ces tiraillements, le tiers, sur la proposition d'un de

Fig. 23. — Portraits de Bailly et de Lafayette.

ses membres, l'abbé Siéyès, se constitue en ASSEMBLÉE NATIONALE (17 juin 1789).

Dès ce jour la royauté n'exista plus que de nom.

A la séance royale du 23 juin, une déclaration lue par le garde des sceaux cassa les résolutions prises par les députés du tiers comme « *illégales et inconstitutionnelles* » et ordonna « *que la distinction des trois ordres fut conservée en son entier* ». Après cette lecture, le roi leva la séance et se retira suivi

Fig. 26. — EMANUEL JOSEPH SIEYES
Membre du Directoire Executif
Né à Fréjus le 3 May 1748

de la noblesse et du clergé. Le tiers état seul resta dans la salle. Sommé par le grand maître des cérémonies, M. de Dreux-Brézé, de se retirer : « *La nation assemblée ne peut recevoir d'ordres.* » répondit le président Bailly et Mirabeau se levant avec impétuosité ajouta : « *Allez dire à ceux qui vous* « *envoient que nous sommes ici par la volonté du*

Fig. 27. — Portrait de Mirabeau.

« *peuple et que nous n'en sortirons que par la force* « *des baïonnettes. Oui, Monsieur, nous avons en-* « *tendu les intentions qu'on suggère au roi. Mais* « *vous ne sauriez être son organe auprès de l'As-*

« *semblée nationale vous qui n'avez ici ni place, ni* « *voix, ni droit de parler.* »

Le grand maître des cérémonies se retire. — « *Messieurs*, dit simplement Siéyès, *vous êtes aujour-* « *d'hui ce que vous étiez hier. Délibérons.* »

Ce jour-là, la cause du peuple triomphait, sa souveraineté commençait, le coup d'Etat avortait.

Cependant le roi laissait quand même l'aristocratie ourdir des complots. Cette conduite lui attira la haine et le mépris du peuple qui se voyait trompé. Mais ce qui porta surtout au comble la colère des Parisiens, ce fut l'appel de 20,000 hommes de troupes étrangères pour protéger la couronne.

Cet appel était le prélude d'un autre coup d'Etat décidé par la cour et la noblesse.

On essaya d'abord d'une émeute. Des misérables, la plupart soudoyés, tentent d'entraîner le peuple à l'attaque de la maison Réveillon (rue St-Antoine)[1].

[1] « Réveillon, le plus riche des fabricants de papier de Paris, em- « ployait un très grand nombre d'ouvriers à sa manufacture de la « rue Saint-Antoine. On fit habilement courir le bruit qu'il allait « réduire de moitié le salaire de ses ouvriers ; on lui attribua même « les propos les plus violents à leur égard ; enfin, on chercha à soule- « ver contre lui la population du faubourg Saint-Antoine. La famine « et la misère publique avaient attiré une foule d'étrangers prêts à « toutes les besognes. Ce furent ces individus, inconnus du vrai « peuple, qui l'excitèrent à la révolte, au pillage, à l'incendie. Malheu- « reusement quelques citoyens payèrent de leur vie leur trop prompte « crédulité. Quoi qu'il en soit, le sang versé fut fécond et le piège « ainsi tendu aux patriotes amena l'aurore de la liberté ! »

Vains efforts! le vrai peuple, celui qui combattra demain pour sa liberté, ne prend aucune part à ce honteux pillage!

C'est alors que, trompée dans son attente, la cour prit de nouvelles dispositions.

S'il faut brûler Paris, disait Breteuil, on le brûlera! et le vieux maréchal de Broglie prend le commandement en chef des troupes de la contre-révolution.

Il avait pour lieutenants : le maréchal des logis d'Autichamps, de Bezenval, de Choiseul, Narbonne, Frislard, le prince de Lambesc, de Berchigny, de Telhuses, de Lambert et du Châtelet.

Depuis longtemps déjà « *les Communes*[1] » avaient demandé au roi le renvoi des soldats étrangers; ils réitéraient chaque jour leur demande : le peuple s'en inquiète, disaient-ils. — A ces justes réclamations, le roi *fit répondre :* que les troupes étaient là pour protéger les délibérations de l'Assemblée et, comme dernier défi aux Parisiens, le 12 juillet, on apprend que Necker a reçu la veille l'ordre de quitter la France sur-le-champ et incognito.

C'était entrer résolument dans la voie de la réaction.

[1] On nommait ainsi les députés du tiers.

Camille Desmoulins

L.P.J. DUC D'ORLEANS

Plus grand par ses vertus que par son rang suprême,
Sa gloire est dans les yeux du citoyen qu'il aime;
Et mille infortunés arrachés au trepas;
Enchainent le bonheur qui marche sur ses pas

Alors on vit se former des groupes menaçants dans toutes les rues et surtout au Palais Royal où déjà l'on criait : aux armes! — C'est là que Camille Desmoulins harangue la foule, raconte l'exil de Necker et peint l'attitude menaçante des soldats étrangers. — Aux armes, citoyens! C'est le tocsin d'une Saint-Barthélemy des patriotes s'écrie-t-il, il faut nous reconnaître, et arrachant une feuille d'arbre, il s'en improvise une cocarde : chacun l'imite. Puis, brandissant un pistolet, il entraîne le peuple sur ses pas.

Le buste de Necker, couvert d'un crêpe et celui du duc d'Orléans qui avait donné son adhésion *aux communes*, sont portés sur la place Louis XV[1]. — C'est un dimanche : les rues, la place et les Tuileries sont encombrées de promeneurs.

Des dragons du Royal-Allemand se précipitent et brisent les bustes.

Des railleries et des pierres accueillent ces soldats étrangers ; ils ripostent à coup de fusil et le prince de Lambesc, *un Autrichien*, *parent de la reine*, charge la foule à la tête d'un corps de Suisses et

[1] Aujourd'hui place de la Concorde.

du Royal-Allemand. Un vieillard M. Chauvet, instituteur, est tué par le prince lui-même, puis, un des gardes françaises qui se sont mêlés au peuple est sabré par un dragon allemand : Vengeance! vengeance ! Ce cri est poussé de toutes parts.

Fig. 30. — Charge du Royal-Allemand sur le peuple de Paris, le 12 juillet 1789.

C'est alors que paraît la proclamation du nouveau ministère : (maréchal de Broglie, de la Galicière, Foulon et Laporte).

A cette nouvelle ; la colère des Parisiens ne connaît plus de bornes ; c'est le *pacte de famine* renouvelé et la banqueroute à courte échéance.

La population entière se soulève. On sonne le

tocsin, le tambour bat dans chaque rue, les boutiques d'armuriers, jusque-là respectées, sont forcées et, à 11 heures du soir, le peuple à peine armé, aidé de gardes françaises, défait les troupes royales massées sur la place Louis XV et les force à se retirer à Versailles.

La Bastille seule est encore occupée militairement.

En quelques heures 48,000 citoyens sont devenus soldats. On forge des armes à la hâte, car on prévoit un retour offensif des troupes ennemies. Au milieu de cette bagarre, *les électeurs de Paris se rendent à l'Hôtel de Ville et s'y établissent en comité permanent*, sous la présidence de M. de Flesselles, prévôt des marchands, pour organiser la milice et donner des chefs à la Révolution.

Pendant ce temps, le peuple agit : il arrête et transporte à l'Hôtel de Ville, d'abord un convoi de farines destiné aux troupes royales, puis le chargement d'un bateau rempli de barils de poudre enlevés à l'arsenal pour les conduire à Rouen. Mais les armes manquent et Flesselles s'efforce de dérouter ceux qui lui en demandent en leur indiquant des dépôts qui n'existent plus. Chaque échec augmente la colère du peuple qui pressent une nouvelle trahison[1].

Depuis l'affaire de la maison Réveillon, le peuple surveillait la Bastille. Il avait vu le gouverneur réparer ses ponts-levis, pratiquer de nouvelles meurtrières et mettre ses canons en batterie.

Là encore la perspicacité des Parisiens n'a pas été mise en défaut, car le dernier registre d'écrou de la Bastille (1782-1789) nous apprend que :

Le 29 juin. — *M. de Crosne est venu avec un conseiller au Parlement, voir le château; conduits par M. le gouverneur, ils sont montés sur les tours.*

Le 1er juillet. — *Un sergent et douze bas officiers sont arrivés de l'hôtel[2] pour supplément de garde.*

Le 7 juillet. — *A quatre heures du matin est arrivé un détachement de Salis-Samade suisse, composé de trente hommes et un lieutenant nommé Deflue[3] pour renforcer la garnison de ce château.*

Cette garnison se composait alors de 82 vétérans,

[1] En effet, après la prise de la Bastille, on trouva, dans une des poches du gouverneur de Launay, un billet ainsi conçu : « *J'amuse les Parisiens avec des cocardes; tenez bon jusqu'au soir et vous aurez du renfort. — Signé : Flesselles.* » Ce billet fut l'arrêt de mort du dernier prévôt des marchands. CARNOT.— *La Révolution française.*

[2] Des Invalides.

[3] Quelques auteurs écrivent de Flue, cette orthographe semble du reste être la véritable.

dont deux canonniers de la compagnie de Marigny et des trente-deux hommes du lieutenant de Flue. Cet effectif était plus que suffisant pour résister à une foule mal armée et dépourvue de matériel de siège.

On savait encore que M. de Launay possédait, outre les 15 pièces de canon des tours, trois pièces en batterie dans la cour d'honneur et douze fusils de rempart ; que ses munitions se composaient de 400 biscaïens, de 12 coffres de boulets-sabotés[1], de 15.000 cartouches et de 250 barils de poudre qu'il avait fait amener de l'arsenal dans la nuit du 12 au 13. — Enfin que 10 voitures de pavés, vieux fers, vieux boulets, etc., étaient entassés sur les tours en cas d'assaut.

Le 13 au soir, le bruit se répand que des ordres ont été donnés pour attaquer Paris dans la nuit du 14 au 15 et que les principaux députés et électeurs doivent être arrêtés à domicile. Peu après, une copie du plan d'attaque circule dans tous les districts ; il est ainsi conçu :

« Les invalides s'opposeront à l'enlèvement des « armes et des canons de leur hôtel ; au premier

[1] Munis de leur charge de poudre.

« signal, ils feront feu sur les habitants de Paris ; « ils recevront aussitôt des renforts du camp posté « au champ de Mars où se trouvent les régi- « ments de Salis-Samade, Château-Vieux, Dies- « bach, suisses ; Berchigny, hussard ; Esterhazy « et Royal-Dragon.

« Des hussards et des dragons se porteront « rapidement sur l'Hôtel de Ville pour y enlever « les magistrats et les archives.

« Au premier coup de canon, le prince de Lam- « besc entrera à la tête du Royal-Allemand et d'un « autre régiment de cavalerie ; il sabrera tout sur « son passage pour s'emparer des ponts qu'il gar- « nira de canons.

« En même temps les troupes qui forment l'in- « vestiture de Paris détacheront : de Saint-Denis. « les régiments de Provence et de Vintimille ; de « Neuilly, ceux de Royal-Suisse, Alsace et Bouillon ; « de Sèvres et Meudon, ceux de Hesse-Hermanns- « tadt, Roëmer, Royal-Cravate, Royal-Pologne et « Siennois composé de quatre bataillons de chas- « seurs. *Ces troupes rangées à la porte Saint-* « *Antoine* SERONT SOUTENUES PAR LE CANON DE LA « BASTILLE.

« Les hauteurs de Montmartre seront occupées

« par les régiments de Besançon et de la Fère et,
« de plus, garnies de dix pièces de canon pour
« foudroyer la Ville; trois régiments d'infanterie
« allemande avec dix pièces de canon occuperont
« la barrière d'Enfert.

« Après l'expédition, les troupes occuperont les
« barrières et s'y retrancheront avec de l'artillerie.
« Toute communication sera interceptée avec la
« province. »

Pour prévenir ce nouveau coup d'Etat, le peuple résolut d'en finir au plus vite.

II

JOURNÉE DU 14 JUILLET

Le 14 au matin chaque citoyen est prêt à combattre. Et, tandis que ceux qui connaissent les choses de la guerre n'osent encore rêver une attaque, bien moins une victoire, le peuple, lui, a la foi! A la Bastille! A la Bastille! Ce cri est mille fois répété. Ce cri, c'était la sagesse; la Bastille : n'était-elle pas le dernier retranchement de la tyrannie?

Mais, pendant qu'une partie des citoyens se précipite rue Saint-Antoine, d'autres courent aux Invalides. Ils ont compris qu'il faudra du canon! — Après une sommation menaçante, accompagnée d'un commencement d'escalade, le gouverneur M. de Sombreuil, voyant qu'il ne peut compter sur ses invalides, ouvre ses portes aux assaillants.

Ceux-ci pénètrent partout et découvrent, dans les caves du dôme, 28,000 fusils qu'on y avait cachés. Ils emmènent aussi 20 canons.

Au cri : à la Bastille ! les habitants de la rue et du faubourg Saint-Antoine se sont précipités les premiers en tête de la colonne qui accompagne trois délégués du Comité permanent de l'Hôtel de Ville : les citoyens Bellon, officier de l'arquebuse [1], Bellefond sergent-major d'artillerie et Chatou, ancien sergent aux gardes françaises. — Ces délégués ont mission de voir le gouverneur M. de Launay pour connaître ses intentions et l'engager à retirer ses canons braqués sur la ville.

On s'approche de la forteresse dont la porte, rue Saint-Antoine [2] est gardée par trois invalides ; derrière, tous les pont-levis sont fermés, on pénètre cependant dans la cour du Passage.

En voyant cette masse de citoyens, le gouverneur déclare qu'il ne peut recevoir que les délégués seuls. Mais déjà le peuple se défie, il demande des otages.

[1] Officier de la milice parisienne qui avait pris, suivant les districts, les noms de : *Volontaires du Palais-Royal, des Tuileries, de la Bazoche, de l'Arquebuse*, etc., etc.

[2] X du plan d'ensemble (page 50).

Trois bas officiers sont échangés contre les délégués qui franchissent l'avancée.

De Launay, qui compte sur un renfort, les reçoit avec toute la politesse d'un gentilhomme et, pour se ménager une trêve les oblige à déjeuner avec lui et leur promet de ne pas commencer le feu sur le peuple; il semble même consentir à enlever ses canons. Mais, à la vérité, il les fait seulement reculer sur les plates-formes.

Au moment où ces délégués satisfaits, repassaient le pont-levis pour rendre compte de leur entrevue, trois envoyés du district de la Culture[1] arrivaient à la Bastille, c'étaient les citoyens Bourlier et Toulouse, soldats de la milice et Thuriot de la Rozière, avocat au Parlement[2]. Ce dernier entre seul et de force dans la première cour; il somme le gouverneur, *au nom de la Nation et de la Patrie*, non seulement de retirer ses canons, mais encore de livrer la forteresse à la garde civique.

Voyant qu'il n'aura pas aussi facilement raison du citoyen Thuriot que des premiers délégués, le gouverneur change de tactique et déclare que les

[1] Actuellement ce qu'on appelle le quartier du Marais.

[2] Un dogue terrible de la race de Danton, dit Michelet (*Histoire de la Révolution française*).

pièces de canon ayant été de tout temps sur les tours, il ne peut les en faire descendre que sur un ordre du roi.

Alors Thuriot insiste pour entrer dans la Bastille et monter sur les tours; de Launay y consent. En passant, il harangue les soldats et, comme en redescendant il veut encore leur parler, le gouverneur fait battre aux champs. Néanmoins il lui donne sa parole de gentilhomme et fait jurer à ses officiers et invalides qu'ils n'ont pas l'intention de faire usage de leurs moyens de défense, à moins d'un assaut. Thuriot se retire, mais il déclare qu'il rendra le gouverneur responsable du sang versé. — C'était la seconde fois que, pour gagner du temps, de Launay trompait les représentants du peuple.

Comme Thuriot sortait et répétait aux citoyens les paroles du gouverneur, une troupe armée débouchait du faubourg Saint-Antoine en criant : « Nous voulons la Bastille, *en bas* la troupe[1] ! » Et aussitôt, escaladant le toit du corps de garde de l'avancée, ils sautent dans la première cour et

[1] Certains auteurs écrivent *à bas* la troupe au lieu de *en bas* la troupe, expression qui seule pouvait avoir un sens dans la bouche du peuple.

commencent à briser à coups de hache les chaînes du pont-levis.

Un coup de canon à mitraille[1] et une vive fusillade déciment la foule qui se disperse en criant : Trahison ! trahison !

C'est alors qu'un ancien officier au régiment de la Reine, le citoyen Elie, fut proclamé chef avec les citoyens Cholat et Hullin pour lieutenants et que l'attaque recommença plus furieusement.

Une troisième députation, composée de quatre commissaires vint, peu après, de l'Hôtel de Ville pour signifier l'arrêté pris par les électeurs et dont l'effet était de confier la garde de la Bastille à la milice parisienne de concert avec les troupes qui s'y trouvaient. — Les quatre commissaires tentèrent trois fois de pénétrer sous la voûte de la rue Saint-Antoine, mais ce fut en vain. Ils furent seulement les témoins du carnage qui se faisait autour d'eux dans la cour du Passage et ne purent lire l'arrêté qu'aux assiégeants. — Retirez-vous, leur

[1] La pièce de canon chargée à mitraille qui était braquée sur le pont de l'avancée se nommait la *petite Suédoise* et, d'après l'invalide Guiot de Fléville, qui fit une relation de la défense de la Bastille, « cette pièce est la seule qui ait été tirée pendant tout le combat qui a duré cinq heures, les assiégés ne s'étant toujours défendus qu'avec leurs fusils ».

cria le peuple, car vous n'avez à attendre que trahison.

Une heure plus tard, des députés de la Ville, précédés d'un tambour et portant le drapeau de la Cité, tentèrent de voir le gouverneur en venant par l'Arsenal et la cour de l'Orme.

Arrivés dans la cour du Passage, ils virent, qu'au mépris du droit des gens et des signaux de paix qu'on leur faisait du haut des tours, on pointait une pièce sur eux ; ils retournèrent alors dans la cour de l'Orme. Là, une décharge de mousqueterie tua trois personnes à leurs pieds ; ils durent se retirer comme l'avaient fait leurs collègues. Cette décharge avait été exécutée par les Suisses, qui étaient postés dans les parties basses de la forteresse, les invalides postés sur les plates-formes ayant à ce moment levé la crosse en l'air.

Ces députés partis, la lutte recommença avec plus d'acharnement que jamais, mais les Suisses, tant avec leurs fusils qu'avec une *amusette du comte de Saxe*[1], jonchèrent le sol de cadavres. — Ce que voyant Elie, il s'écria : « Du canon, mes amis, du canon ! C'est le seul moyen de réduire la place ! »

[1] Fusil de rempart portant une livre et demie de balles.

Malheureusement on ne peut, à ce moment, mettre en batterie que deux pièces, dont une plaquée d'argent, enlevée au garde-meubles et encore sont-elles servies par des mains inexpérimentées.

Mais à cet instant accourt le citoyen Hullin, suivi de trois cents gardes françaises. Il marche entre les gardes Hoche et Lefèbre qui, comme lui, laissèrent un nom glorieux à la postérité. — Avec eux marche le peuple qui traîne deux canons; et dans ses rangs, « admirable de vaillance, de jeu-« nesse, de pureté, l'une des gloires de la France, « Marceau[1] ! » — Dès lors, le siège commence régulièrement. Le canon du peuple répond au canon de la forteresse et soldats et citoyens rivalisent de valeur. — Tout est en feu devant la Bastille; la fumée de l'incendie cache aux assiégés les mouvements de l'assiégeant.

Un heureux coup de canon, pointé par Elie, met le trouble sur le rempart en tuant un invalide; peu après M. de Monsigny, commandant des canonniers de la place, est frappé en pleine poitrine. Les invalides demandent alors à se rendre et refusent de combattre. De Launay les repousse avec colère,

[1] Michelet. *Histoire de la Révolution.*

puis, éperdu, court aux Suisses et leur ordonne de continuer un feu à outrance sur le peuple.

Il comprenait enfin la force de ce peuple, dont les rangs grossissaient sans cesse.

Fig. 33. — Portrait du général Marceau.

Il était environ quatre heures de l'après-midi.

On vit alors le gouverneur se diriger lentement vers la tour de la Liberté. Arrivé sur la plate-forme, il saisit une mèche enflammée et court à la chambre des poudres ; mais, heureusement, la sentinelle de

au profit du Grenadier.

«Tout le monde étoit entré dans la grande cour de la forteresse. on alloit
«baiser le pont: aux cris du S.r Maillard, un grenadier nommé Arné accourt.
«et s'emparant du gouverneur, les cris son épée après les avoir arraché des mains;
«il remit ensuite M.r Delaunay aux S.rs Hullin et Hély.

Se vend à Paris chez Augustin le Grand, rue S.t Julien le Pauvre. N° 18. A.P.D.R

faction, un nommé Ferrand, lui arrache la mèche et sauve ainsi le peuple et le quartier.

Fou de rage, il descend dans la cour d'honneur, la traverse en courant, saute sur une autre mèche et se précipite vers la Sainte-Barbe. Plus prompt que lui, le soldat Becquart l'arrête encore. Alors il appelle les Suisses à son aide, mais les invalides font bonne contenance et de Launay en vient à les supplier de lui donner un baril de poudre pour se faire sauter. On le lui refuse. — Donnez-nous, au contraire, un drapeau blanc et que l'on capitule? — Je n'en ai pas un seul, répond le gouverneur. — Votre mouchoir blanc alors, dit un invalide qui le lui prend, l'attache à son fusil et monte sur les plates-formes avec un tambour.

Pendant ce temps, le peuple et les gardes françaises conduits par Elie, Hullin, Hoche, Lefebvre, Maillard, Réole, etc., ont franchi l'Avancée, culbuté les obstacles et braqué leurs canons devant le pont-levis intérieur, malgré la mitraille et la fusillade des Suisses de de Flue.

Enfin on voit le drapeau blanc improvisé; le feu cesse et mille voix crient aux assiégés : « Abaissez vos ponts! » — de Flue demande les honneurs de la guerre. — « Non, non, plus d'armes à ceux qui ont

« massacré le peuple. » Il présente alors une capitulation signée de Launay, qui assure la vie à tous ou, si on la refuse, annonce l'intention de tout faire sauter[1]. Elie, à qui elle est remise, par le citoyen Maillard qui, pour la recevoir, s'est aventuré sur une planche soutenue au-dessus du fossé, s'empresse de répondre : « Foi d'officier, nous acceptons votre capitulation ; abaissez vos ponts, il ne vous sera rien fait. »

Il est cinq heures.

Le petit pont-levis s'abaisse, puis le grand, et les vainqueurs se précipitent sous la voûte. Les assiégés désarmés sont faits prisonniers et conduits à l'Hôtel de Ville.

Malheureusement trompé par les sarreaux de toile que portaient les Suisses, le peuple, les prenant pour des prisonniers se jeta sur les bas-officiers et cette déplorable erreur coûta la vie au brave Béquart et à deux autres Invalides.

[1] Cette capitulation portait simplement ces mots :

« *Nous avons vingt milliers de poudre ; nous ferons sauter la garnison et tout le quartier si vous n'acceptez la capitulation.* » Signé : DE LAUNAY. *De la Bastille*, 5 *heures du soir*, 14 *juillet* 1789.

Elie a postérieurement écrit au-dessous : « *Je certifie avoir reçu cette capitulation au dernier pont-levis par un trou oval du grand pont-levis, que j'ai fait passer une planche sur le fossé pour la recevoir, et que j'ai donné ma parole d'honneur, foy d'officier, que je l'accepte.* » Signé : « *Elie, officier au régiment d'infanterie de la Reine.* »

Fig. 35. — Les vainqueurs de la Bastille escortant les prisonniers.

De Launay, qui cherchait à se donner la mort avec une canne à épée, pour échapper aux vainqueurs est reconnu par le grenadier Arné qui lui brise son épée et le remet aux mains des citoyens Hullin et Elie.

Une fois maître de la place, le peuple songea d'abord à délivrer les prisonniers de leurs fers et à leur rendre cette Liberté qu'il venait de conquérir au prix de son sang.

Il faut cependant déplorer l'égarement de quelques citoyens qui brûlèrent les archives pendant que d'autres plus avisés, mais certainement moins honnêtes, dérobaient certaines pièces dont ils soupçonnaient la valeur et qui figurent, aujourd'hui, dans des collections étrangères.

Cette grande et terrible journée assura le triomphe de la Révolution Française. Sans la victoire du peuple de Paris, l'Assemblée était dissoute, les patriotes embastillés ou exilés, la Révolution perdue !

FIN

TABLE

DES PORTRAITS, PLANS ET VIGNETTES

TABLE DES MATIÈRES

www.ingramcontent.com/pod-product-compliance
Ingram Content Group UK Ltd.
Pitfield, Milton Keynes, MK11 3LW, UK
UKHW031927260826
14628UKWH00003B/1474

9 782019 681845